AF279726

NO TE ANGUSTIES, ¡DIOS ESTÁ CONTIGO!

NO TE ANGUSTIES, ¡DIOS ESTÁ CONTIGO!

DEVOCIONAL DIARIO: 30 DÍAS EN LA PRESENCIA DE DIOS

GERALDIN GAMBOA MARTÍNEZ

TALENTO

PUBLICACIONES

2025

VERSIONES BÍBLICAS UTILIZADAS:
RVR1960: Reina Valera Revisada 1960
NVI: Nueva Versión Internacional
NTV: Nueva Traducción Viviente
NBLA: Nueva Biblia de las Américas
RVC: Reina Valera Contemporánea

Título: *No te angusties, ¡Dios está contigo!*
Autor: Geraldin Gamboa Martínez

I.S.B.N.: 979-13-991270-5-8

Edita: TALENTO Publicaciones
        (Samuel Juliá Cristóbal)
        E-mail: info@talentopublicaciones.com
        Web: www.talentopublicaciones.com

Edición POD

© Geraldin Gamboa Martínez, 2025

Reservados todos los derechos. Ni la totalidad ni parte de este libro puede reproducirse o transmitirse por ningún procedimiento electrónico o mecánico, incluyendo fotocopia, grabación magnética o cualquier sistema de almacenamiento de información o reproducción, sin permiso previo y por escrito de los titulares del Copyright.

ÍNDICE

EL ORIGEN DE ESTAS LÍNEAS

Hace tres años, tuve la oportunidad de conocer a Jesús y aceptarlo como mi Señor y Salvador. Como ser humano, he atravesado momentos de angustia y ansiedad, pero desde que le permití entrar en mi vida, Dios se ha manifestado en cada uno de ellos. Ha actuado como un Padre bueno, bondadoso y fiel, mostrándome su amor y recordándome constantemente: "Yo estoy contigo hasta el final de los días". Esta palabra ha sido tan impactante en mi vida, que me ha inspirado a escribir y a compartir con los demás que Dios es fiel por generaciones y que está a nuestro lado en cada paso del camino. ¡La mayor promesa que podemos tener, y el mejor regalo, es su presencia en nuestras vidas!

Espero que, durante la lectura diaria, puedas comprender que incluso en medio de la angustia, ansiedad o tristeza, el Señor está contigo. Puedes descansar y encontrar consuelo en su presencia.

PRÓLOGO

¿Qué es la ansiedad? La ansiedad es una respuesta natural del organismo ante un estímulo externo o interno, y se intensifica en situaciones amenazantes o estresantes. Esta sensación de angustia viene acompañada de emociones desagradables y síntomas físicos que pueden variar desde una leve inquietud hasta una tensión tan intensa que afecte significativamente nuestra vida diaria.

La ansiedad es una emoción común que todos experimentamos en algún momento de la existencia; sin embargo, si no aprendemos a manejarla, puede volverse perjudicial. En su afán por encontrar soluciones, muchas personas recurren a estrategias que pueden agravar la situación, intentan escapar de la realidad o buscan motivación en algo desconocido. A menudo, complicamos las cosas cuando, en realidad, la solución es mucho más sencilla y está a nuestro alcance: la verdadera respuesta se encuentra en Dios. Desde el principio, el Señor nos ha hablado de este asunto en su Palabra y nos ha invitado a entregarle nuestras ansiedades y a encontrar descanso en Él.

Mi deseo, desde lo más profundo de mi corazón, es que este devocional te ayude a comprender que, como seres humanos, todos nos enfrentamos a momentos de ansiedad, ¡pero no estamos solos en esta lucha! Tenemos a un Dios que nos ofrece refugio en sus brazos.

Día 1

Deja que Dios tome el control de tu ansiedad

Depositen en él toda ansiedad, porque él cuida de ustedes (1 Pedro 5:7 NVI).

Este versículo nos brinda una profunda calma; aunque es breve, su significado es realmente poderoso.

Dios nos enseña que debemos depositar toda nuestra ansiedad en Él: no solo un poco o la mitad, ¡sino toda! Él no desea que carguemos con preocupaciones pesadas, porque sabe que, si permitimos que la angustia y la ansiedad invadan nuestros corazones, no podremos conectarnos con las cosas que de verdad importan: nuestra relación con Dios Padre y su Reino.

En ocasiones, manejar la ansiedad puede ser un reto, y las dificultades cotidianas pueden robarnos la paz y llevarnos al desánimo; no obstante, eso es precisamente lo que Dios no quiere que suceda. En lugar de llenarnos de ansiedad, debemos dialogar con Él, expresarle lo que sentimos y entregarle nuestras inquietudes, creyendo firmemente que tenemos un Padre amoroso que nos cuida y se preocupa por nosotros, aún más de lo que nosotros mismos nos preocupamos. Podemos descansar en esta promesa, enfocar nuestra mirada en Dios y recordar que su deseo es que vivamos en paz y que confiemos en que Él nos cuidará en todo momento, especialmente en los días de estrés, ansiedad y confusión.

Desafío diario

Te invito a que le entregues todas tus preocupaciones a Dios. Sé sincero/a y exprésale cada uno de tus sentimientos.

Día 2

Dios tiene el poder de eliminar tus temores

Busqué a Jehová, y él me oyó, y me libró de todos mis temores (Salmo 34:4 RVR1960).

El salmista nos muestra su decisión de «[buscar] a Jehová», y ese es el primer paso esencial que todos deberíamos dar: la acción sincera de acercarnos a Él. Luego expresa con certeza que «él [lo] oyó», lo que refleja la atención y la obra de Dios al escuchar las oraciones de sus hijos y liberarlos de los temores.

Esto nos enseña que, aunque a veces, en medio de las dificultades, pensemos que Dios no está presente o que no está escuchando nuestras oraciones, ¡Él sí está! Dios siempre está atento a cada una de nuestras peticiones, y desea ayudarnos y librarnos de todo lo que nos produce miedo, angustia y ansiedad.

Lo realmente importante es seguir el ejemplo del salmista: acercarnos de manera sincera e intencional, con un corazón dispuesto a expresar todos nuestros sentimientos, confiando en que Él hará lo sobrenatural. Recordemos que solo Él tiene el poder de librarnos de los temores que nos asedian. Su Palabra lo afirma y nos invita una vez más a buscarlo en el Salmo 50:15 (NVI): «Invócame en el día de la angustia; yo te libraré y tú me honrarás».

Desafío diario

Busca a Dios, exprésale lo que sientes y cree en que Él tiene todo el poder para librarte de todos tus temores.

Día 3

Tú tienes un valor especial para Dios

Miren las aves del cielo, que no siembran, ni cosechan, ni recogen en graneros, y el Padre celestial las alimenta. ¿Acaso no valen ustedes mucho más que ellas? (Mateo 6:26 RVC).

A través de este versículo, Dios nos habla del inmenso valor que tenemos. Todo lo que Él ha creado es valioso: el universo, el cielo, la tierra, la naturaleza, los animales… Sin embargo, nosotros, como seres humanos, tenemos un valor especial, ya que hemos sido hechos a su imagen y semejanza.

En ocasiones, nos preocupamos por aspectos cotidianos de la vida como el trabajo, las finanzas, la salud, los miedos o los anhelos que creemos que no se cumplirán. Es importante recordar que estas preocupaciones, en última instancia, son insignificantes, porque Dios tiene todo el poder para resolverlas. Si Él se preocupa por todo lo que ha creado, ¡cuánto más no se interesará por nosotros y por nuestras inquietudes!

En lugar de dejarnos llevar por la angustia y la ansiedad, debemos reflexionar de esta manera: si nosotros nos amamos, ¿cuánto más nos ama Dios? Su amor hacia nosotros es infinitamente mayor. Por tanto, no perdamos el tiempo con preocupaciones excesivas e innecesarias, porque eso no resolverá nuestros problemas diarios; mejor recordemos que, aun antes de que expresemos nuestras peticiones, Él ya las conoce y tiene la solución preparada.

Desafío diario

Recuerda que para Dios tienes un inmenso valor. Si Él se preocupa por las aves del cielo, ¿cuánto más por ti?

Día 4

Nuevamente Dios te levantará

Echa sobre Jehová tu carga, y él te sustentará; no dejará para siempre caído al justo (Salmo 55:22 RVR1960).

A veces, la vida se torna difícil y nos enfrentamos a circunstancias que resultan ser frustrantes y dolorosas; pasamos por pruebas que pueden ser pequeñas o más significativas, pero todas dolorosas. Estas situaciones a menudo nos roban la paz y afectan nuestro descanso, nuestros pensamientos y hasta nuestra salud, llenándonos de ansiedad.

Sin embargo, Dios nos invita a dejar nuestras cargas y preocupaciones a sus pies para que podamos caminar con mayor ligereza. La Palabra nos asegura que Él «no dejará para siempre caído al justo», lo que nos recuerda que todo pasará y que Dios no permitirá que permanezcamos caídos: en el momento oportuno, Él nos levantará y nos dará la fortaleza necesaria para seguir adelante.

De igual manera, Dios utiliza esas dificultades para generar algo bueno en nosotros, como puede ser guiarnos hacia nuestro propósito, redirigir nuestra mirada hacia Él, enderezar nuestro camino o transformar nuestra vida por completo. Así que, cuando nos enfrentemos a situaciones que nos pesen, es fundamental que recorde-

mos que no estamos solos: Dios está con nosotros y conoce nuestras cargas; podemos entregárselas y permitir
que Él nos sane y nos brinde su ayuda.

Desafío diario

Exprésale a Dios tus preocupaciones, tu dolor, tus
ansiedades y tus angustias. Manifiéstale todo lo que
sientes y entrégale esas cargas. El Señor es tu sustento
hoy, mañana y siempre.

Día 5

Este día es un regalo de Dios

Así que, no os afanéis por el día de mañana, porque el día de mañana traerá su afán. Basta a cada día su propio mal (Mateo 6:34 RVR1960).

Jesús nos enseña que no debemos afanarnos por el futuro, sino vivir en el presente. ¡El hoy es un regalo de Dios para ti y para mí! Pues no sabemos lo que nos deparará el mañana, ni siquiera si será nuestro último día en esta tierra. Esto no significa que debamos vivir de manera imprudente e irresponsable y olvidarnos de planificar nuestro futuro; esa es una parte importante de nuestra vida y debemos pensar en ella. Sin embargo, no debemos angustiarnos por lo que vendrá, ya que muchas veces nos preocupamos por situaciones que nunca ocurren, problemas que tienen soluciones simples o circunstancias en las que después Dios actúa de manera sobrenatural.

Hoy, el Señor nos recuerda que debemos enfocarnos en vivir el día a día, haciendo todo lo mejor que podamos y ofreciendo lo mejor de nosotros mismos. Liberémonos de la ansiedad por el mañana; con el día que tenemos hoy es suficiente, pues «basta a cada día su propio mal»: cada jornada trae sus propios desafíos para afrontar. Centrémonos en el presente y disfrutemos más de las cosas simples de la vida, agradezcamos más por lo que tenemos, deleitémonos en Jehová y pongamos en práctica todos sus consejos. Si Dios nos dice que no nos afanemos, confiemos en su Palabra y dejemos de lado la ansiedad respecto a lo que está por venir.

Desafío diario

Te animo a que cada vez que sientas angustia por lo que vendrá, recuerdes que debes vivir *un día a la vez*. Graba esta frase en tu mente como un recordatorio de que puedes afrontar los desafíos del presente sin preo–cuparte por el futuro.

Día 6

Esfuérzate y persevera

Esforzaos todos vosotros los que esperáis en Jehová, y tome aliento vuestro corazón. (Salmo 31:24 RVR1960).

En muchas ocasiones, nos sentimos tan agotados por los desafíos de la vida que la idea de seguir esforzándonos se vuelve abrumadora; pero hoy es importante recordar que, a pesar de nuestro cansancio y de la falta de fuerzas, Dios nos anima a seguir adelante. Un claro ejemplo de esto lo encontramos en Josué 1:9 (RVC): «Escucha lo que te mando: Esfuérzate y sé valiente. No temas ni desmayes, que yo soy el Señor tu Dios, y estaré contigo por dondequiera que vayas».

Dios no quiere que nos rindamos en esta carrera de la vida; al contrario, anhela que perseveremos. Él será quien fortalezca nuestro corazón de manera sobrenatural; no será por nuestras fuerzas, sino gracias a su poder. Pues escrito está: «No con ejército, ni con fuerza, sino con mi Espíritu, dice Jehová de los Ejércitos» (Zacarías 4:6, RVR1960). Sin embargo, es fundamental que no nos ahoguemos en la desesperanza, que cultivemos una actitud optimista, que mantengamos un corazón dispuesto a seguir adelante y una mirada fija en Dios, y que confiemos en que Él estará con nosotros en cada paso del camino.

Desafío diario

Te animo a que te sigas esforzando en cada desafío de tu vida. ¡No te rindas! Mantén tu mirada firme en el Señor.

Día 7

Dios es tu ayuda en medio de la dificultad

Aunque pase por el valle de sombra de muerte, no temeré mal alguno, porque Tú estás conmigo; Tu vara y Tu cayado me infunden aliento (Salmo 23:4 NBLA).

El salmista nos recuerda que, aunque atravesemos un «valle de sombra de muerte», ya sea un peligro extremo, un sufrimiento profundo, una pérdida o un miedo intenso, el Señor estará con nosotros en todo momento y su vara y su cayado nos infundirán aliento y seguridad. ¿Pero qué simbolizan exactamente la vara y el cayado? Estos son instrumentos que utiliza un pastor de ovejas, y, en este contexto, Dios es nuestro Pastor, y nosotros, sus ovejas.

Dios emplea estos elementos de manera significativa: utiliza la vara para protegernos de las amenazas y ataques, mientras que el cayado le sirve para guiarnos, sustentarnos y encaminarnos en la dirección correcta. Como podemos observar, este salmo se centra en la protección, el amor y el cuidado de Dios hacia nosotros. De modo que, cuando estemos pasando por un momento difícil, es esencial que recordemos que no existe «valle de sombra de muerte» del cual Él no pueda rescatarnos: Dios tiene todo el poder para librarnos, fortalecernos y corregir nuestro rumbo; nuestra tarea es confiar en que Él estará a nuestro lado.

Desafío diario

Te animo a que memorices este versículo. Cuando pases por un «valle de sombra de muerte», recuerda esta palabra y ten presente que Dios está contigo.

Día 8

El Señor nunca te dejará, jamás te abandonará

El Señor mismo marchará al frente de ti y estará contigo; nunca te dejará ni te abandonará. No temas ni te desanimes (Deuteronomio 31:8 NVI).

Esta es una maravillosa promesa de Dios. Tal como estuvo con Moisés, Josué y muchos otros profetas y salmistas, el Señor nos promete estar con nosotros todos los días de nuestra vida.

Aunque en ocasiones sintamos erróneamente que Dios no está presente y experimentemos soledad o miedo, su Palabra nos promete una y otra vez que Él nunca nos abandonará. Si Dios estuvo con aquellos hombres y mujeres de fe, también estará con nosotros, porque «Jesucristo es el mismo ayer, y hoy, y por los siglos» (Hebreos 13:8 RVR1960). Él nunca cambia: su naturaleza es inmutable.

Este mensaje fue dirigido a Josué, un profeta y líder de Israel que se enfrentaba a sus propios miedos, pero que decidió confiar en que Dios estaría de su lado. A veces olvidamos que los personajes bíblicos eran tan humanos como nosotros, con sus virtudes y defectos; algunos más valientes y otros quizá más temerosos, pero todos humanos. De cualquier modo, Dios estuvo con

ellos en todo momento, ¿y por qué habría de ser diferente ahora con nosotros?

«No temas —dice el Señor— ni te desanimes». Recordemos que lo más importante en la vida es que Dios
permanezca a nuestro lado: su compañía es nuestra única fortaleza y consuelo.

Desafío diario

Te animo a que medites sobre el profundo significado de esta promesa.

Día 9

Dios es tu auxilio en la tribulación

Dios es nuestro refugio y fortaleza, nuestro pronto auxilio en las tribulaciones (Salmo 46:1 NBLA).

Este salmo es una alabanza con un profundo significado. El salmista nos revela la manera como él veía a Dios y nos exhorta a verlo de la misma forma. Dios es:

1. «Nuestro refugio»: Un lugar seguro donde podemos encontrar protección, cuidado y amparo ante los riesgos y peligros que nos rodean.
2. Nuestra «fortaleza»: Él es nuestra fortaleza, quien nos da el valor necesario para soportar las dificultades. Dios renueva nuestras fuerzas y las multiplica cada día.
3. «Nuestro [...] auxilio en las tribulaciones»: Es nuestro ayudador, siempre dispuesto a ofrecernos su ayuda y restaurar nuestra vida. Es nuestro socorro en los momentos difíciles.

La Palabra afirma: «Alzaré mis ojos a los montes; ¿de dónde vendrá mi socorro? Mi socorro viene de Jehová, que hizo los cielos y la tierra» (Salmo 121:1-2 RVR1960).

Está claro que tenemos a un Padre bueno y misericordioso que nunca duda en brindarnos su ayuda. Siempre podremos correr a sus brazos, sabiendo que estará dispuesto a escucharnos, limpiarnos, restaurarnos y guiarnos.

Desafío diario

Reflexiona: ¿Es Dios tu refugio, tu fortaleza y tu auxilio en los momentos difíciles? ¿Realmente lo sientes así en tu vida?

Día 10

El poder de una palabra amable

La angustia abate el corazón del hombre, pero una palabra amable lo alegra (Proverbios 12:25 NVI).

A veces, nos enfrentamos a situaciones que nos generan «angustia» y abruman nuestro corazón: nos producen miedo, estrés, pensamientos negativos e incertidumbre respecto a lo que nos depara el futuro. Sin embargo, una palabra de aliento o un gesto amable pueden iluminar nuestro día y brindarnos alegría, esperanza y una nueva perspectiva positiva.

Es importante entender que todos atravesamos momentos de aflicción y, durante esos períodos, anhelamos escuchar una palabra de aliento. A menudo, Jesús nos susurra esa palabra reconfortante; otras veces la encontramos en la Biblia o en una alabanza. Del mismo modo, Dios constantemente nos utiliza como instrumentos para brindar ese aliento a los demás; por ello, es fundamental extender esa «palabra amable» a todas las personas, en especial a las que están pasando por un momento de angustia.

Lo que para nosotros puede parecer un simple gesto de amabilidad, para otra persona puede tener un significado profundo. Con un acto tan sencillo, podemos reflejar el amor de Jesús, transformar el día de alguien y ofrecerle un destello de esperanza.

Desafío diario

Te invito a que hoy le ofrezcas una «palabra amable» o de aliento a alguien.

Día 11

Dios se glorifica en la debilidad

Por lo cual, por amor a Cristo me gozo en las debilidades, en afrentas, en necesidades, en persecuciones, en angustias; porque cuando soy débil, entonces soy fuerte (2 Corintios 12:10 RVR1960).

Los seres humanos nos sentimos avergonzados por nuestras debilidades. Sin embargo, en la Palabra de Dios encontramos que todas las personas, al igual que nosotros, se enfrentaron a sus propias fragilidades. Pablo nos enseña que, en lugar de avergonzarnos de ellas o intentar ocultarlas, deberíamos sentir gratitud por esas debilidades, porque son las que nos permiten depender más de Dios. Si fuéramos perfectos y careciéramos de limitaciones, ¿realmente necesitaríamos a Dios?

Pablo expresa que se gozaba en sus debilidades, necesidades y angustias, porque, cuando era débil como ser humano, entonces encontraba fortaleza en Cristo. Esto nos muestra que, en nuestros momentos de fragilidad, Cristo se glorifica en nosotros manifestando su poder en esa debilidad, tal como se menciona en 2 Corintios 12:9 (RVR1960): «Bástate mi gracia; porque mi poder se perfecciona en la debilidad».

Es fundamental reflexionar sobre el hecho de que nuestras debilidades no son negativas; al contrario, son oportunidades para que Dios trabaje en nosotros y se perfeccione en nuestras vidas.

Desafío diario

Te invito a que hables con Dios, compartas con Él tus debilidades y le permitas glorificar su poder en me–dio de ellas.

Día 12

Dios alegra el corazón

El corazón alegre es buena medicina, pero el espíritu quebrantado seca los huesos (Proverbios 17:22 NBLA).

La alegría es necesaria en nuestra vida, y muchas veces depende de nosotros cultivarla. Del mismo modo, está íntimamente ligada a nuestra relación con Dios y a nuestra intención de buscar y apreciar lo positivo que nos rodea. A veces podemos encontrar felicidad en cosas simples como tomar una taza de café, comer nuestra comida favorita o simplemente disfrutar del sol o de la lluvia.

Esta alegría nos permite afrontar las situaciones de la vida con una perspectiva diferente y positiva. En contraste, la tristeza o «el espíritu quebrantado» pueden agobiarnos y aislarnos, y hasta afectar negativamente nuestra salud emocional y física.

Tal como se menciona en la Escritura, la tristeza seca nuestros huesos y consume nuestras fuerzas. Sin embargo, Dios no desea que vivamos de esa manera: Él anhela que, a pesar de las dificultades a las que nos enfrentemos en este mundo caído, podamos experimentar verdadera felicidad y disfrutar de su presencia, así como de las pequeñas bendiciones que Él nos regala día a día.

Desafío diario

Te animo a que, en el día de hoy, seas intencional respecto a estar alegre. Disfruta de la presencia de Dios y de las bendiciones que Él nos ofrece.

Día 13

Dios te escucha y te libra de la angustia

Claman los justos, y el Señor los oye y los libra de todas sus angustias (Salmo 34:17 NBLA)

La Palabra de Dios nos dice que, cuando «claman los justos», el Señor los escucha. Es importante aclarar que el término «justos» no implica que lo seamos, ni que seamos perfectos; de hecho, la Escritura misma afirma: «Así está escrito: "No hay un solo justo, ni siquiera uno"» (Romanos 3:10 NVI). En este contexto, vemos que solo podemos alcanzar la condición de «justos» por medio de Jesús; por tanto, «los justos» son aquellas personas que han aceptado a Jesucristo como su Señor y Salvador, y que se esfuerzan por vivir según sus enseñanzas. Por consiguiente, nuestro versículo significa que, cuando los que creemos en Jesús oramos y clamamos, Él nos oye, y no solo esto, sino que también nos libra de nuestras angustias: ¡y no de algunas, sino de todas!

Nuestra responsabilidad es orar y clamar, ya que la Palabra de Dios también nos dice en Santiago 5:16 (RVR1960): «La oración eficaz del justo puede mucho». Cuando oramos con un corazón sincero y dispuesto, nuestras oraciones son poderosas y efectivas, porque Dios escucha atentamente nuestras peticiones.

Desafío diario

Te animo a que recuerdes y escribas en un papel una situación en la que tú hayas clamado y Dios te haya escuchado. Es importante recordar y guardar esas experiencias en nuestra mente y corazón, porque así podemos estar seguros de que Dios siempre está presente y siempre escucha nuestras súplicas.

Día 14

El Señor es misericordioso y compasivo

El Señor está cerca de los quebrantados de cora‐zón, y salva a los de espíritu abatido (Salmo 34:18 NVI).

Este salmo es una promesa que nos brinda esperanza y aliento. Cuando menciona a «los quebrantados de co‐razón» y a «los de espíritu abatido», se refiere a aquellas personas que pasan por un profundo dolor y sienten de‐sesperanza y agotamiento.

Es importante tener presente que este salmo fue es‐crito por el rey David, quien vivió tanto momentos de alegría como períodos de gran sufrimiento. No debemos olvidar que las pruebas que afrontó en aquel entonces eran sumamente desafiantes: persecuciones, ansiedad, angustia y enemistades; sin embargo, el salmista tuvo la oportunidad de experimentar la realidad de esta prome‐sa, ya que durante sus dificultades sintió el profundo amor de Dios y su cercanía.

Es reconfortante saber que, aun en nuestra tristeza y desánimo, Dios está a nuestro lado. A veces podemos pensar erróneamente que Él está distante, observán‐donos desde su trono sin intervenir, pero la realidad es que está presente, dispuesto a ayudarnos y completamente implicado en nuestro dolor, actuando de manera misericordiosa y compasiva.

Desafío diario

Te invito a unirte a mí en esta oración de agradecimiento y por los demás: «Padre, te doy gracias por tu promesa de estar "cerca de los quebrantados de corazón". Te pido que seas el consuelo de aquellas personas que te necesitan. Amén».

Día 15

El consuelo de Dios deleita el alma

Cuando mis inquietudes se multiplican dentro de mí, tus consuelos deleitan mi alma (Salmo 94:19 NBLA).

A través de este salmo, entendemos que, como seres humanos, es natural sentir inquietudes en relación con diversos aspectos de nuestra vida. Lo que no está bien es cargarnos de esas inquietudes y permitir que se conviertan en una compañía constante, pues pueden generarnos angustia si no aprendemos a gestionarlas de la manera adecuada.

Afortunadamente, podemos acudir a Dios en busca de ayuda; Él no solo nos brinda apoyo, sino que también nos consuela y nos fortalece.

La Palabra de Dios nos asegura que Él es nuestro refugio y consuelo. En 2 Corintios 1:3-4 (NVI), leemos: «Bendito sea el Dios y Padre de nuestro Señor Jesucristo, Padre misericordioso y Dios de toda consolación, quien nos consuela en todas nuestras tribulaciones para que, con el mismo consuelo que de Dios hemos recibido, también nosotros podamos consolar a todos los que sufren».

Contar con la presencia y el consuelo de Dios es una verdadera bendición, pues solo a través de Él nuestra alma inquieta puede encontrar paz y alegría. Es esencial recordar que, del mismo modo que recibimos su consuelo, estamos llamados a extenderlo a los demás, especialmente a aquellos que se enfrentan a inquietudes, angustia o momentos de tribulación.

Desafío diario

Reflexiona: ¿Has sentido el consuelo de Dios en algún momento de tu vida? Si la respuesta es: «¡Sí!», aprovecha este momento para darle gracias.

Día 16

¡Espera en Dios!

¿Por qué te abates, oh alma mía, y te turbas dentro de mí? Espera en Dios; porque aún he de alabarle, Salvación mía y Dios mío (Salmo 42:5 RVR1960).

¿Por qué, si ya conocemos a Dios, nuestra alma a veces se siente abatida? Es natural que en ocasiones experimentemos desánimo; no siempre estaremos alegres. Sin embargo, detrás de esta pregunta hay una respuesta clave para nosotros: «Espera en Dios». Este mensaje nos recuerda que, hasta cuando nuestra alma se encuentra abatida por diversas situaciones, podemos esperar y confiar en Él.

La manera correcta de hacerlo está en el acto de recordar. Cuando estemos inquietos, llenos de dudas o ansiosos, es importante que traigamos a nuestra mente todo lo que Dios ha hecho. Recordemos, por ejemplo, a Elías, que, tras su victoria contra los profetas de Baal, se sintió abatido y deseó morir; aun así, mantuvo su fe en Dios, quien estuvo a su lado con ternura y amor. Pensemos también en Job, que sufrió la pérdida de su familia, sus bienes y su salud, pero no renunció a su fe, sino que decidió esperar y confiar en Dios, y, por esa razón, el Señor lo acompañó y le multiplicó al doble todas las bendiciones que había perdido. Y no olvidemos tampoco a Jeremías, un profeta que sufrió mucho debido a su ministerio y a las dificultades que afrontaba su pueblo, pero que, a pesar de ello, esperó en Dios y encontró consuelo en su presencia.

Cuando recordamos estas historias que se encuentran en la Palabra de Dios y nos detenemos a reflexionar sobre ellas y sobre los momentos en que Él se ha glorificado en nuestras propias vidas, podemos hablarle a nuestra alma y decirle: «¿Por qué te abates? Recuerda todo lo que Dios ha hecho; espera en Él, alma mía, porque aún he de alabarle».

Desafío diario

Te animo a que pongas en práctica las verdades sobre las que acabamos de reflexionar: Haz el ejercicio de recordar los hechos que se encuentran en la Palabra de Dios y los momentos en que Él se ha glorificado en tu vida.

Día 17

Tu socorro viene de Jehová

Alzaré mis ojos a los montes; ¿de dónde vendrá mi socorro? Mi socorro viene de Jehová, que hizo los cielos y la tierra (Salmo 121:1-2 RVR1960).

Este salmo nos recuerda que tenemos un Dios en el cielo a quien podemos acudir en busca de ayuda.

Todos los seres humanos enfrentamos problemas, procesos y momentos de angustia. Sin embargo, aquellos que tenemos a Jesús vivo en nuestro corazón experimentamos esas dificultades de manera diferente, porque en Él encontramos esperanza, pues sabemos que en medio de esas situaciones su presencia y consuelo se hacen evidentes.

El salmista se plantea la pregunta: ¿de dónde vendrá mi socorro? E inmediatamente se responde: «mi socorro viene de Jehová». Esta respuesta y afirmación nos invita a elevar nuestra mirada hacia lo alto y a no dejarnos llevar por las circunstancias que nos abruman o perturban. ¡Es un desafío, sin duda! Pero cuando evitamos centrarnos en los problemas y, en cambio, dirigimos nuestra atención hacia lo alto, podemos apreciar la verdadera realidad que vivimos: Dios está con nosotros. Nunca estamos solos; pase lo que pase, Él está allí. Aunque pasemos «por valle de sombra de muerte»

Dios está a nuestro lado. De manera que, cuando atravesemos circunstancias que nos ansien o angustien, debemos hablarle y recordarle a nuestra alma que podemos confiar, esperar y pedir socorro a Aquel que tiene todo el poder para brindarnos su ayuda: al único Dios verdadero y fiel que nunca falla, y que guarda su fidelidad por generaciones.

Desafío diario

¿Tienes la plena certeza de que Dios es tu socorro y ayuda en todo momento? Te invito a que reflexiones y medites en este versículo. Cuando enfrentes un problema o una situación que te genere angustia, tomate el tiempo de hacer una pausa, orar y recordar que tu socorro viene de Dios.

Día 18

Tu fuerza proviene de Dios

Él da esfuerzo al cansado, y multiplica las fuerzas al que no tiene ningunas (Isaías 40:29 RVR1960).

En ocasiones, nos encontramos completamente agotados, ya sea por el esfuerzo físico, las exigencias del trabajo, problemas económicos, conflictos familiares o hasta por enfermedades que nos debilitan. Otras veces, nos sentimos exhaustos emocional y espiritualmente, lo que resalta nuestra fragilidad humana.

Esta realidad nos invita a reflexionar sobre la importancia de depender de la fuerza de Dios, ya que nuestras propias capacidades son insuficientes. Como seres humanos, inevitablemente nos agotamos. Pero, por fortuna, contamos con una promesa real y con un Dios que nos renueva y nos infunde nuevas energías.

¿Quién recuerda la historia de Sansón? Su fuerza provenía del Señor: Dios era la fuente de su poder. Recordemos también a David, que recibió de Dios la valentía y la fuerza necesarias para derrotar a Goliat. Y tampoco podemos pasar por alto a Moisés, a quien Dios le dio la fortaleza para liderar y guiar al pueblo de Israel. Estos personajes ejemplifican que Dios es la fuente de nuestra fuerza, tanto física como espiritual. Así como Él fortaleció a estas personas en sus momentos de dificultad, también lo hace y lo seguirá haciendo con no–sotros. ¡Él nos ofrece su ayuda cuando nos sentimos agotados!

Desafío diario

Te invito a que comiences el día con esta oración: «Gracias, Dios, por tu hermosa promesa de que vas a multiplicar mis fuerzas. Te pido que la hagas realidad en mi vida y me ayudes a afrontar los desafíos de cada día. Amén».

.

Día 19

El plan de Dios es mejor

«Porque mis pensamientos no son los de ustedes ni sus caminos son los míos», afirma el Señor. «Mis caminos y mis pensamientos son más altos que los de ustedes; ¡más altos que los cielos sobre la tierra!» (Isaías 55:8-9 NVI)

Nuestros pensamientos y caminos son muy diferentes de los que Dios tiene preparados para nosotros. A veces, nos encontramos ante situaciones que no deseamos o que simplemente no logramos entender. Pero la verdad es que no necesitamos comprenderlo todo; lo que de verdad necesitamos es confiar en nuestro Padre, quien, sin duda, quiere lo mejor para nosotros.

Es importante recordar que, como seres humanos, somos limitados, mientras que la grandeza de Dios es ilimitada. Nuestros pensamientos y planes son demasiado pequeños en comparación con lo que Él desea hacer en nuestras vidas.

Pensemos en la historia de José, el hijo favorito de Jacob, quien fue vendido como esclavo por sus propios hermanos. A pesar de que Dios amaba a José y se le revelaba a través de sueños, este joven tuvo que afrontar circunstancias difíciles. ¿Quién en su lugar habría dicho: «Señor, gracias porque mis hermanos me han vendido»?

Seguramente nadie. No obstante, José nunca cuestionó a Dios; al contrario, continuó creyendo y aceptando su camino. Lo que no esperaba era que los planes divinos eran mucho mayores y que hasta esa *mala situación* fue permitida y utilizada por Dios para forjar en él un carácter más semejante al del Señor: José, a través de sus pruebas, desarrolló paciencia, confianza y perdón, y, además, su intervención salvó al pueblo de Israel, el pueblo elegido por Dios.

Cuando no entendamos los planes del Señor, es mejor que no intentemos encajarlo todo en nuestra razón, pues no nos será posible. Dios tiene misterios que sobrepasan nuestra comprensión, y nuestros pensamientos jamás alcanzarán su nivel. La mejor respuesta es esperar y confiar en lo que nos promete su Palabra, sin dejarnos llevar por la angustia.

Desafío diario

Medita en la palabra de hoy. Los pensamientos y caminos del Señor son más altos que los nuestros.

Día 20

Dios terminará la obra

Estoy convencido de esto: el que comenzó tan buena obra en ustedes la irá perfeccionando hasta el día de Cristo Jesús (Filipenses 1:6 NVI).

Cuando tenemos alguna debilidad que no mejora o pasamos por situaciones en las que fallamos a Dios, ex–perimentamos tristeza y angustia porque contristamos su corazón. Sin embargo, tenemos este versículo, que nos brinda gran consuelo. La «buena obra» somos nosotros: comienza con la *salvación,* el primer paso que damos al creer y recibir a Jesús en nuestras vidas, y continúa con la *santificación,* un proceso en el que buscamos vivir de manera semejante a Dios.

Este proceso de santificación requiere un esfuerzo constante, ya que somos seres humanos imperfectos y fallamos en numerosas ocasiones. La buena noticia es que Dios nos da la oportunidad de seguir intentándolo de la mano del Espíritu Santo.

A menudo hablamos de Dios Padre y de Jesús, pero dejamos de lado al Espíritu, y es importante recordar que se trata de un solo Dios que se manifiesta de tres formas: Dios Padre, quien nos ama y nos ofrece su gra–cia; Jesús, quien murió por nosotros y nos dio el acceso al Padre; y el Espíritu Santo, quien habita en nosotros y nos capacita para vivir en relación con Dios y con los demás. Por esa razón, no podemos pasar por alto la importancia del Espíritu en nuestras vidas.

La única manera como Dios Padre puede perfeccionarnos es a través del Espíritu Santo, a quien debemos tener presente cada día, pedir su ayuda para mejorar en nuestras debilidades y obedecer a sus orientaciones. De esa forma, el Espíritu de Dios seguirá trabajando en nosotros y no se rendirá, porque ya ha comenzado esta obra, y su Palabra nos asegura que, una vez iniciada, será llevada a cabo hasta su culminación.

Desafío diario

Te invito a tener más presente en tu vida al Espíritu Santo. Procura hacer de Él tu mejor amigo.

Día 21

«Yo hago cosa nueva», dice el Señor

No os acordéis de las cosas pasadas, ni traigáis a memoria las cosas antiguas. He aquí que yo hago cosa nueva; pronto saldrá a luz; ¿no la conoceréis? Otra vez abriré camino en el desierto, y ríos en la soledad (Isaías 43:18-19 RVR1960).

El Señor nos invita a no aferrarnos a las cosas del pasado ni traer a la memoria lo que ya fue. Aunque el pasado tiene su importancia, no debemos permitir que nos atrape. No se trata de olvidar por completo nuestras vivencias anteriores, sino de evitar anclarnos única‐mente a las experiencias pasadas, ni siquiera a aquellas que hemos tenido con Dios. Él anhela que no nos con‐formemos solo con recordar esos momentos; su deseo es que cada día vivamos nuevas experiencias que forta‐lezcan nuestra relación continua y diaria con Él.

Dios nos asegura: «Yo hago cosa nueva». Esto sig‐nifica que, aunque nuestros ojos terrenales no puedan percibirlo, Él está obrando a nuestro favor siempre. A menudo, nos concentramos tanto en lo que hemos vi‐vido que nublamos nuestra visión, lo que nos impide reconocer lo nuevo que Él está haciendo. Por eso, soltar el pasado es crucial para abrazar la nueva temporada que estamos viviendo.

De igual manera, Dios viene a decir: «Estoy abriendo caminos y ríos». ¿Y dónde los está abriendo? «En el desierto» y «en la soledad». Al pensar en un desierto, lo asociamos con pruebas, dependencia, tristeza y dificultad. En ocasiones vivimos momentos de desierto y soledad, y es precisamente en esos momentos cuando Dios forja nuestro carácter, pone a prueba nuestra fe genuina y nos brinda valiosas enseñanzas que contribuyen a nuestro crecimiento espiritual.

Esto nos enseña que atravesar esas experiencias es necesario, y, a la vez, nos asegura que, en medio de ellas, Dios abrirá ríos y caminos. Este acto simboliza su poder transformador y renovador en nuestras vidas. ¡No fijemos nuestra mirada en lo que ya pasó! En lugar de ello, enfoquemos nuestra atención en el presente y en todas las maravillas que podemos experimentar junto a Dios.

Desafío diario

Reflexiona: ¿Qué cosas del pasado te impiden avanzar o disfrutar del presente? ¿Estás disfrutando de lo que Dios esta haciendo hoy en tu vida?

Día 22

«Yo [siempre] estaré contigo», dice el Señor

Cuando pases por las aguas, yo estaré contigo; y si por los ríos, no te anegarán. Cuando pases por el fuego, no te quemarás, ni la llama arderá en ti (Isaías 43:2 RVR1960).

«Las aguas», «los ríos» y «el fuego» simbolizan desafíos, pruebas, sufrimiento y aflicción. Es importante entender que Dios no nos promete una vida libre de dificultades. A veces, podemos caer en la trampa de pensar que, al ser hijos de Dios, no nos enfrentaremos a tribulaciones; pero la realidad es que atravesaremos momentos difíciles y hasta situaciones muy adversas. Sin embargo, lo que realmente nos distingue de los demás es la esperanza que tenemos en Dios: sabemos y creemos que Él está y estará a nuestro lado en cada uno de esos momentos.

Si analizamos este versículo con atención, encontramos la promesa de que los ríos no nos ahogaran y el fuego no nos quemará. ¿Te imaginas cruzar un río sin ahogarte o entrar en un fuego sin quemarte? Esto ilustra de manera tremenda el cuidado y la protección de Dios sobre nosotros. Aunque las circunstancias adversas no se eliminarán de nuestra vida, Él velará por nosotros y no permitirá que esas situaciones nos destruyan. Dios nos ayudará, nos cuidará y nos proporcionará la fuerza necesaria para soportar los momentos difíciles.

Esta es una promesa reconfortante, especialmente en medio de las crisis personales que afrontamos a diario. Podemos tener la certeza de que, aunque pasemos por tiempos complicados, Dios nunca nos abandonará: siempre estará a nuestro lado.

Desafío diario

Te invito a memorizar este versículo. Cuando te enfrentes a circunstancias difíciles, recordarlo te ayudará y te dará la convicción de que Dios está contigo en cada paso del camino.

Día 23

Dios es tu guía

Entonces yo, el Señor, te guiaré siempre, y en tiempos de sequía satisfaré tu sed; infundiré nuevas fuerzas a tus huesos, y serás como un huerto bien regado, como un manantial cuyas aguas nunca faltarán (Isaías 58:11 RVC).

En momentos de «sequía» espiritual, como bien dice la Palabra, podemos sentirnos secos, vacíos, sin fuerzas y sin ánimo. Sin embargo, el Señor nos asegura que, si lo buscamos y seguimos sus caminos, Él se encargará de saciar nuestra «sed» espiritual, una sed que revela la necesidad que tenemos de su presencia en nuestras vidas. Además, Dios promete «[infundirnos] nuevas fuerzas», para que nuestra alma se fortalezca y seamos «como un huerto bien regado», nutrido por su Palabra.

¿Pero qué debemos hacer para que ese «huerto» esté adecuadamente regado? La respuesta es simple: necesitamos regarlo de manera constante. Debemos entender que ese «huerto» somos nosotros mismos, y su estado depende de nuestras acciones. Para que nuestro espíritu esté siempre alimentado y las «aguas nunca [falten]», es fundamental buscar la Palabra de Dios continuamente, anhelar su presencia con fervor y cultivar una vida de oración y meditación. Además, es esencial practicar el servicio a los demás, así como demostrar gratitud y bondad en nuestras interacciones diarias. Al hacerlo, nos aseguramos de que nuestro «huerto» florezca y dé fruto.

56

Desafío diario

Pregunta de reflexión: ¿Cómo está tu «huerto»?

Día 24

En Dios encuentras descanso

Vengan a Mí, todos los que están cansados y cargados, y Yo los haré descansar (Mateo 11:28 NBLA).

En aquellos tiempos cuando Jesús caminaba físicamente entre las personas, muchos se sentían cansados y agobiados por sus problemas y por las exigencias de las normas que debían cumplir. Sin embargo, a pesar de sus esfuerzos, no lograban encontrar el descanso que anhelaban. Fue en ese contexto en el que Jesús, estando con ellos, pronunció estas palabras reconfortantes: «Vengan a mí todos los que están cansados y llevan cargas pesadas, y yo les daré descanso» (NTV).

Hoy, esta misma realidad persiste. Nos enfrentamos al cansancio y a la carga de las preocupaciones y problemas, al peso de la culpa y el pecado… Y, sin darnos cuenta, nos hacemos daño, porque no descansamos. Aunque Jesús no nos promete que las dificultades de la vida desaparecerán, sí nos asegura que en Él encontraremos el descanso que necesitamos cuando estemos agotados.

Una vez más, con amor y ternura, Jesús nos invita a buscar alivio en su presencia y a encontrar paz. La decisión de dar el primer paso depende de nosotros: debemos acercarnos a Él y expresarle nuestro agotamiento; la parte sobrenatural de este encuentro es obra de Él.

Desafío diario

Reflexión: ¿Dónde estás depositando tu cansancio y tus cargas? ¿Es realmente Jesús la fuente de tu descanso?

Día 25

No te turbes, solo cree

No se turbe vuestro corazón; creéis en Dios, creed también en mí (Juan 14:1 RVR1960).

Para contextualizar, en este versículo Jesús consuela a sus discípulos, les anticipa su partida y los anima a dominar sus emociones, al afirmar: «No se turbe vuestro corazón». Este mensaje resuena en nosotros hoy. Jesús comprende que, como seres humanos, podemos inquietarnos ante las circunstancias diarias. Por eso, nos invita a *creer:* no es una simple sugerencia, sino una instrucción sabía que nos guía a vivir con esperanza.

Jesús no desea que vivamos angustiados ni que nuestras circunstancias o emociones sean mayores que nuestra fe. Al contrario, Él quiere que aprendamos a gestionar nuestro bienestar emocional en lugar de dejarnos llevar por nuestros sentimientos.

Es cierto que, en ocasiones, nuestro corazón puede sentirse turbado, pero lo fundamental es dirigir nuestra mirada hacia Jesús, confiando firmemente en quién es Él, en lo que ha hecho y en lo que va a hacer. De esa manera, hallaremos paz y estabilidad en los tiempos de incertidumbre.

Pregunta de reflexión: ¿Cómo está tu corazón hoy? ¿Está enfocado en Jesús o se desvía hacia la angustia?

Día 26

¡Dios es esperanza!

Que estamos atribulados en todo, mas no angus–tiados; en apuros, mas no desesperados; perseguidos, mas no desamparados; derribados, pero no des–truidos (2 Corintios 4:8-9 RVR1960).

La vida de Pablo fue un ejemplo de dedicación total a Dios. Desde el instante en que tuvo su encuentro so–brenatural con Jesús, tomó la decisión de seguirlo y se comprometió a llevar el evangelio por todo el mundo. A lo largo de su ministerio, fue uno de los apóstoles que más sufrió, y se destacó por su perseverancia y firmeza en medio de las adversidades que tuvo que afrontar.

Pablo experimentó gran sufrimiento en su vida cris–tiana y nunca trató de idealizarla; nosotros tampoco debemos hacerlo. Seguir a Jesucristo no nos exime de enfrentarnos a dificultades. Pablo reconoció que las tribulaciones son parte inevitable de nuestra experien–cia; sin embargo, hizo hincapié en que no debemos dejarnos dominar por la angustia. Es posible que este–mos en aprietos, afrontando situaciones difíciles, pero no debemos caer en la desesperación. Aun en tiempos de persecución, nunca estamos solos, porque Dios siempre está a nuestro lado, y tal vez en alguna ocasión seamos derribados, pero jamás seremos destruidos.

Nunca debemos perder la esperanza, porque en Cristo siempre hay luz. El poder de Dios nos sostendrá en todo momento, y cada aflicción será una oportunidad para crecer espiritualmente. En Santiago 1:2 (RVR1960) se nos recuerda: «Hermanos míos, tened por sumo gozo cuando os halléis en diversas pruebas».

Desafío diario

Te invito a que ores por alguien que esté pasando por circunstancias desafiantes. Pídele a Dios que le dé fortaleza.

Día 27

Basta la gracia de Dios

Y me ha dicho: Bástate mi gracia; porque mi poder se perfecciona en la debilidad… (2 Corintios 12:9 RVR1960).

Dos versículos antes, en 2 Corintios 12:7, el apóstol Pablo menciona que se le había dado «un aguijón en [su] carne» (RVR1960), una aflicción persistente destinada a mantenerlo humilde. Aunque suplicó al Señor en tres ocasiones que lo eliminará, la respuesta de Dios fue: «Bástate mi gracia; porque mi poder se perfecciona en la debilidad».

Este versículo nos recuerda dos cosas importantes: primero, que todos los seres humanos tenemos debilidades; y segundo, que es esencial reconocer esas debilidades y acudir a Dios en busca de ayuda. Al hacerlo, permitimos que su poder se manifieste en nuestras vidas.

Nuestras debilidades no son obstáculos para Dios; al contrario, son oportunidades para que Él se glorifique en nosotros. Esto nos lleva a reflexionar en que, en lugar de lamentarnos por nuestras debilidades y tratar de ocultarlas como si fueran desventajas, deberíamos aceptarlas con gratitud y confiar en que Dios las utilizará para nuestro bien.

Desafío diario

Tómate un momento para reflexionar sobre tus debilidades y ríndelas a Dios. Permite que su poder y su gracia las perfeccione.

Día 28

El Señor es tu fortaleza

Dios es nuestro refugio y nuestra fortaleza, nuestra segura ayuda en momentos de angustia. Por eso, no temeremos aunque se desmorone la tierra y las montañas se hundan en el fondo del mar (Salmo 46:1-2 NVI).

Este salmo es una poderosa declaración de fe. El salmista comienza expresando con plena certeza que Dios es su único refugio y lugar seguro al que puede acudir en momentos de angustia, tristeza o tribulación. Pero lo que realmente llama la atención es la afirmación que encontramos a continuación: «… Aunque se desmorone la tierra y las montañas se hundan en el fondo del mar». ¿Te has detenido a pensar en lo extrema que sería esa situación? Aunque no sabemos las circunstancias específicas bajo las cuales se escribió este salmo, es evidente que no fue en un momento fácil para el autor; de hecho, su forma de expresarse indica que atravesaba gran dificultad e incertidumbre.

Resulta admirable la profunda confianza que el salmista tenía en Dios y que, aun en las situaciones más extremas y en medio de la mayor crisis, podía encontrar la seguridad para creer.

Su ejemplo nos invita a aprender a confiar durante nuestros tiempos de angustia y a reconocer que Dios es nuestra única ayuda verdadera.

Desafío diario

¿Logras confiar en Dios en tiempos de angustia y gran tribulación?

Día 29

Dios es suficiente

¿A quién tengo en el cielo sino a ti? Si estoy contigo, ya nada quiero en la tierra. Podrán desfallecer mi cuerpo y mi corazón, pero Dios es la roca de mi corazón; él es mi herencia eterna (Salmo 73:25-26 NVI).

Para entender el contexto de este salmo, es importante mencionar que fue escrito por Asaf, quien sentía envidia de aquellos que parecían prosperar sin preocupaciones ni luchas, y hasta sin la presencia de Dios en sus vidas. Sin embargo, un día Dios le reveló el final de los malvados, lo que llevó a Asaf a comprender las consecuencias de vivir sin Él. Esta revelación le hizo reflexionar y darse cuenta de que, al tener a Dios, nada más le faltaba en la vida terrenal.

Aunque nuestra vida aquí en la tierra no sea perfecta, seguimos a Dios por amor y creemos en Él a pesar de las dificultades a las que nos enfrentemos. Al igual que Asaf, comprendemos que, si tenemos a Dios, no necesitamos nada más.

Nuestra esperanza se fundamenta en la eternidad, no en este mundo caído. Lo que nos espera es infinitamente mejor e incomparable. Como nos dice Romanos 8:18 (RVR1960): «Las aflicciones del tiempo presente no son comparables con la gloria venidera que en nosotros ha de manifestarse».

Desafío diario

Reflexiona: ¿Es suficiente para ti la presencia de Dios en tu vida, o sientes que necesitas algo más para sentirte pleno?

Día 30

Paz en la tormenta

No se preocupen por nada; más bien, en toda ocasión, con oración y ruego, presenten sus peticiones a Dios y denle gracias. Y la paz de Dios, que sobrepasa todo entendimiento, cuidará sus corazones y sus pensamientos en Cristo Jesús (Filipenses 4:6-7 NVI).

La preocupación es una experiencia común que surge como respuesta a situaciones estresantes. Aunque es natural preocuparse en cierta medida, cuando esta emoción se convierte en algo constante, puede resultar dañina para nuestra salud, tanto mental como física.

Se cree que el apóstol Pablo escribió la carta a los Filipenses mientras estaba encarcelado. Es sorprendente que, en esa situación, nos exhorte con estas palabras: «No se preocupen por nada». A pesar de las adversidades a las que se enfrentaba, Pablo estaba firmemente convencido del control soberano de Dios sobre todas las cosas; él no se preocupaba: tan solo se dedicaba a orar, a dar gracias y a experimentar la paz que trascendía todo entendimiento.

Dios, en su sabiduría, sabía desde el principio que nos enfrentaríamos a momentos de preocupación. Por esa razón, nos revela la clave para vivir con tranquilidad: nos invita a recurrir a la oración, al ruego y a la acción de gracias. Al practicar estas cosas en lugar de dejarnos consumir por la angustia, encontraremos una paz que no se asemeja a la que ofrece el mundo, sino que es un sosiego que supera cualquier circunstancia; como se expresa en Juan 14:27 (NVI): «La paz les dejo; mi paz les doy. Yo no se la doy a ustedes como la da el mundo. No se angustien ni se acobarden».

Desafío diario

Tómate un momento para estar a solas con Dios y dejar de lado tus preocupaciones. Presenta ante Él tus peticiones y recuerda darle gracias.

APÉNDICE

Hemos llegado al final de estos treinta días en la presencia de Dios. Espero que el Espíritu Santo haya tocado tu corazón y hablado a tu espíritu durante este tiempo.

Que el Señor te libere de toda ansiedad y angustia, y que te llene de sabiduría y paz. Que Él te guarde en cada paso que des y que su bendición te acompañe siempre.

AGRADECIMIENTOS

Estoy profundamente agradecida con Dios por darme la oportunidad de escribir estas líneas. Como siempre, Él ha estado presente en cada paso de este proceso.

Quiero expresar mi gratitud a mi esposo, Manuel Felipe, por su apoyo incondicional y por animarme a publicar. También quiero agradecer a Alair, la educadora cristiana de mi iglesia, quien me ha orientado y aconsejado durante la creación de estos escritos.

Por último, un sincero agradecimiento a mi editor, Samuel, por su profesionalismo y por su empatía durante la realización de este proyecto.

OTROS LIBROS DE LA AUTORA

Consíguelos en:
www.talentopublicaciones.com/tienda
info@talentopublicaciones.com